FULL SCORE

WSEP-10-002

世にも奇妙な物語

Yonimo Kimyouna Monogatari

作曲：蠟島邦明　編曲：福田洋介

Kuniaki Haishima　Arr. by Yosuke Fukuda

打楽器5重奏

Five Percussions

Glockenspiel & Wind Chime

Xylophone

Marimba 1

Marimba 2

Timpani

世にも奇妙な物語

　　フジテレビの長寿番組「世にも奇妙な物語」。おびただしい数の名作はすべて記憶せずとも、あのイントロが聞こえてきただけで「世にも奇妙な物語」と認識できる、怪しくキャッチーなフレーズ。原曲はシンセサイザー演奏により、ピアノとボーカルのトーンを中心としたサウンド作りで、狂気にかられた雰囲気を見事に演出しています。その雰囲気を、鍵盤打楽器でも演奏出来るように仕立ててみました。生演奏だから可能な、幽玄で生々しい響きを是非お楽しみください。

　　テンポが速くなりやすいので注意しましょう。前半（とコーダ）の『メイン・タイトル』は熱くならず少しストイックな（冷静・冷酷な）音運びを。タイミングの正確さと、響きの統一が必要です。ただし音色を控えめにする必要はありません。中間部の『ストーリー・テラー』は少し弾ませた感じの雰囲気が良いでしょう。後半Fからは、コラール風の展開です。響きのあるきれいなトレモロで"歌う"ように。

<演奏にあたって>
◆マレット
・シロフォンのマレットはハード系ではなくミディアム系（糸巻またはゴム）を想定
・グロッケンのマレットはハード系を想定（ブラスやプラスティックでも可）

◆音域
・グロッケンの音域は記譜の2オクターブ上を想定（冒頭のG音＝左端側）
・シロフォンの音域は記譜の1オクターブ上を想定（Bの最初に出てくるG音＝左端側）
・マリンバの音域は記譜どおり

◆4重奏で演奏する場合
マリンバ2番とティンパニのオプション譜を演奏しない

◆5重奏で演奏する場合
マリンバ2番とティンパニのオプション譜を演奏する

（by 福田洋介）

WindsScore

打楽器5重奏　Five Percussions

世にも奇妙な物語
Yonimo Kimyouna Monogatari

Kuniaki Haishima
Arr.by Yosuke Fukuda

「世にも奇妙な物語」の背景音楽
© 1990 by FUJIPACIFIC MUSIC INC.

Winds Score
WSEP-10-002

Timpani

打楽器5重奏　Five Percussions

世にも奇妙な物語
Yonimo Kimyouna Monogatari

Kuniaki Haishima
Arr.by Yosuke Fukuda

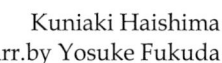

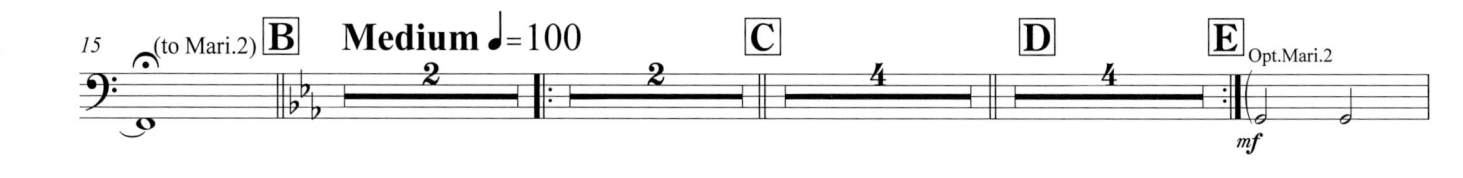
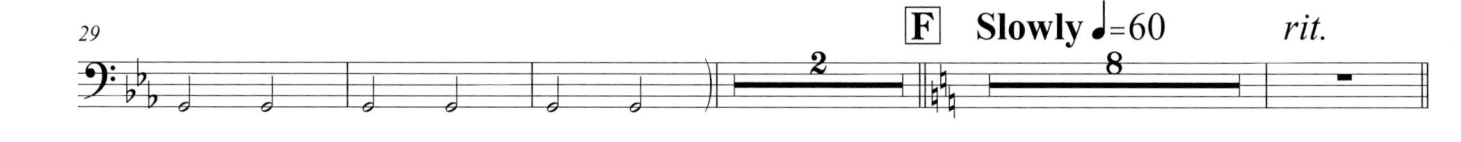

Winds Score
WSEP-10-002

Marimba 1

打楽器5重奏　Five Percussions

世にも奇妙な物語
Yonimo Kimyouna Monogatari

Kuniaki Haishima
Arr.by Yosuke Fukuda

Winds Score
WSEP-10-002

Glockenspiel & Wind Chime

打楽器5重奏　Five Percussions

世にも奇妙な物語
Yonimo Kimyouna Monogatari

Kuniaki Haishima
Arr.by Yosuke Fukuda

Xylophone

打楽器5重奏　Five Percussions

世にも奇妙な物語
Yonimo Kimyouna Monogatari

Kuniaki Haishima
Arr.by Yosuke Fukuda

Winds Score
WSEP-10-002

Marimba 2

打楽器5重奏　Five Percussions

世にも奇妙な物語
Yonimo Kimyouna Monogatari

Kuniaki Haishima
Arr.by Yosuke Fukuda

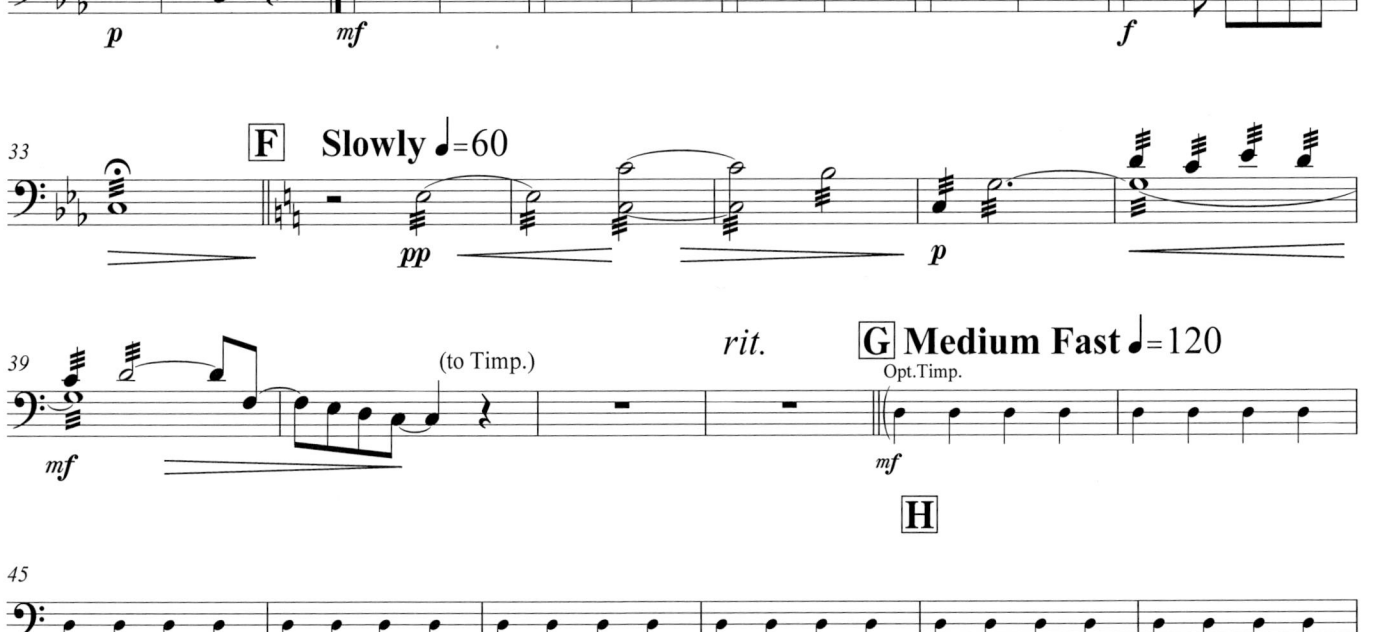

ご注文について

ウィンズスコアの商品は全国の楽器店、ならびに書店にてお求めになれますが、店頭でのご購入が困難な場合、当社WEBサイト・電話からのご注文で、直接ご購入が可能です。

◎当社WEBサイトでのご注文方法

winds-score.com

上記のURLへアクセスし、オンラインショップにてご注文ください。

◎お電話でのご注文方法

TEL.0120-713-771

営業時間内に電話いただければ、電話にてご注文を承ります。

※この出版物の全部または一部を権利者に無断で複製（コピー）することは、著作権の侵害にあたり、著作権法により罰せられます。

※造本には十分注意しておりますが、万一、落丁・乱丁などの不良品がありましたらお取り替えいたします。また、ご意見・ご感想もホームページより受け付けておりますので、お気軽にお問い合わせください。